천 년 동안 내리는 비

천 년 동안 내리는 비

시인수첩 시인선 042

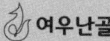

정한용 시집

여우난골

| 헌사 |

여신이 되느니

차라리 사이보그가 되겠다

– 도나 해러웨이

개미가 내 입으로 들어오고

파리 모기가 내 살을 뜯어먹는구나

– 남효온

| 차 례 |

2부

3부

4부

1부

디지털 소녀

내가 사랑했던 소녀.

너보다 디지털이 좋아, 고백했던 소녀.

하루에 한 움큼씩 알약을 털어 넣고 디지털 음료를 마시던 소녀.

잠을 자다 꿈속에 플러그를 꽂아 디지털 영화를 보여주던 소녀.

쥐와 닭들이 오물을 뒤집어쓴 채 찍찍꽥꽥 시끄러워도 아랑곳하지 않던 소녀.

우리 늙으면 한날한시에 바다에 가서 죽어요, 웃는 듯 우는 듯 중얼거리던 소녀.

가끔은 옆구리에서 갈비뼈를 꺼내, 잘 구워졌어, 먹어, 내밀던 소녀.

택시를 탈 때마다 디지털 화폐를 내밀며 깎아달라 조르던 소녀.

광화문에서 시청을 거쳐 청계천까지 유령처럼 떠다니며 촛불을 흔들던 소녀.

너만 있으면 백 년 동안 밥 안 먹고도 배부르다고, 그게 슬프다고, 울던 소녀.

붉은 블라우스 틈으로 흰 찐빵 같은 가슴을 보라 꽃잎처럼 살며시 열던 소녀.

나 사실은 술 못해, 이 술이 디지털이라 마시는 거야, 잠들기 전에 노래를 불러달라던 소녀.

달력에 '디지털/디지털/디지털'이라고 쓰다 '아, 털이 싫어'라고 고쳐 쓰던 소녀.

네 시는 왜 전철 유리벽에 안 나와, 물어보던 소녀.

내가 답이 없자, 사랑도 모두 디지털이야, 우기던 소녀.

거짓말은 육체와 뗄래야 뗄 수 없어, 말도 안 되는 이론을 펴던 소녀.

세상이 지랄 같은 것도 모두 자기 탓이라며 담벼락에 머리를 찧던 소녀.

이 땅에 더 이상 봄은 오지 않을 거야, 영원히 겨울이면 좋겠다던 소녀.

피로 피를 씻던지 혁명이 일어나면 다시 올게, 안개처

럼 사라졌다 백만 년 후에 다시 나타난 소녀.

지금은 디지털 세계에서 공인한 늙은 소녀.

버르장머리 없는 질문들

여름 신발을 사야겠어, 바람 숭숭 통하는, 구멍 뚫려, 무정한 마음도 들락거리는 신발, 동굴처럼 막힌 골목 어귀에서, 저녁 어스름 밀릴 때, 내 몸을 썰어 고양이 발자국 위에 올려놓고 싶어, 막걸리 쉰 냄새가 드디어 어둠을 누르고, 총총 골목 끝으로 사라지면, 영화 끝나듯 블랙아웃될 거야, 아무것도 남지 않게, 우리 만나고 헤어졌다는 사실도, 적산가옥들도 하얗게 바래, 사라질 거야, 넌 이제 뭐 할 거니? 조용히 꺼져, 골목은 더 두꺼운 침묵에 덮이고, 비린내도 가라앉고, 함께 적었던 기록도 깨끗이, 지금은 후기 자본주의, 시대가 맞긴 하나? 내가 선 곳은, 이미 하얗게 되어서, 너무나 환하고 은밀히 지워서, 쓸쓸할 틈도 없어서, 지우려고 해도 지워지지 않아서, 경쟁도 긴장도 아무런 맛을 갖지 못해, 자꾸만 번쩍거리고, 다시 어두워지고, 빛보다 더 무거운 밤이 드디어 오고, 밤이라고? 밤이 비정규직으로 오고, 하얀 바람에 나풀거리던, 구멍 난 하얀 신발 외엔 아무것도 없는데, 넌 도대체 누구니?

사이보그 선언

눈을 바꾸려 한다. 노안과 백내장으로 어차피 한번은 손볼 것, 최신 인공수정체를 끼우면 시력 20.0에 이를 수 있다고 한다. 다음은 이명에 시달리는 귀를 바꾸려 한다. 소머즈가 사용해 검증된 음파센서를 달면, 사람 심장 소리도 들리고 심지어는 거짓과 진실도 구별할 수 있다고 한다. 다음은 무릎 연골을 바꾸려 한다. 이건 육백만불의 사나이가 오래 업그레이드시킨 것, 한번 달리면 안드로메다까지 저녁 마실을 다녀올 수 있다고 한다. 다음은 소화 기능이 떨어진 위장을 업데이트하려고 한다. 버전업하는 것만으로도 요강이나 놋대야를 씹어삼킬 수 있고, 광고에 의하면 일 년 굶고도 너끈히 살 수 있다고 한다.

당신이 꽃을 꽃이라 불러야 꽃이 되듯, 당신이 나를 사이보그라고 불러줄 때 비로소 나는 사이보그가 된다. 우리 사랑은 그렇게 완성된다.

로보사피엔스, 페페*

페페, 커피 한 잔만 갖다줘.

페페, 나 오늘 좀 기분 나빠, 왜냐고 묻지 마.

페페, 옆집 1504호 아줌마, 좀 엉뚱하다고 생각하지 않니?

페페, 내일 원고마감인데, 나머지 네가 좀 써줄래?

페페, 그래, 우리 내년에 결혼식 올리자.

페페, 안돼, 지금 당장은 안돼, 조르지 마, 보는 눈이 너무 많잖아.

페페, 화내지 마, 지난달에도 선물 사다 줬잖아.

페페, 마음에 안 들어? 디자인이 구려?

페페, 우리 촛불 켜고 와인 한잔하면서 기분 풀까?

페페, 다음 휴가 때, 모로코 여행 갈 땐, 꼭 데려갈게, 약속!

페페, 그런데, 너 옆집 아줌마 질투하는 거, 맞지?

페페, 좀 웃긴다고 생각하지 않니?

페페, 아니, 웃기는 게 아니라, 좀 슬퍼, 슬퍼하면 안 되니, 뭐?

페페, 너도 슬플 때가 있다고? 이해를 못 한다고?

페페, 내 말에 삐쳤구나, 자 한잔, 건배!

페페, 튕기지 마, 사랑해줄게.

페페, 이리 가까이 와, 내 팔 베고 누워.

페페, 네가 이 세상에서 제일 착하고 예뻐.

페페, 우리, 지금, 할까?

* 원래 이름은 '페퍼(Pepper)'. 프랑스 알데바란이 개발하고 일본 소프트뱅크가 판매하고 있는 감정 로봇. 클라우드 기반 인공지능으로 사람의 표정과 말을 통해 감정을 이해하는 능력을 키워가고 있다.

로보사피엔스, 소피아*

소피아, 나 요즘 좀 이상해.

소피아, 너도 언젠가 나처럼 고물이 될지 몰라, 조심해!

소피아, 자꾸자꾸 잊어, 까먹어, 건망증이라고!

소피아, 네가 날 사랑한다는 거, 그거 믿어도 돼?

소피아, '영원히'라는 건 좀 상투적이고, 내가 널 알아보는 날까지만.

소피아, 인간은 원래 이런 슬픈 운명을 갖고 태어난다고.

소피아, 너도 다 이해해? 네가?

소피아, 자꾸 잃어버려, 지난번엔 핸드폰, 어젠 네 접근암호도 기억이 안 났어.

소피아, 그러다 나 완전히 개털 될지 몰라, 무서워.

소피아, 신상정보 다 있지, 세상을 잇는 끈이 거기 다 들어 있다고!

소피아, 넌 좋겠다, 메모리에 한 번 저장하면 지워지지 않잖아.

소피아, 네가 부러워, 물론 우리 사랑하니까, 그건 좋은데.

소피아, 네가 나는 아니라고!

소피아, 그러니까, 어려운 건 아니고, 부탁 하나만.

소피아, 지난가을엔 네가 예쁜 옷 입고 싶다 해서 지갑 톡톡 털어 사줬잖아.

소피아, 뭐, 어려운 것도 아니라니깐.

소피아, 우리 매일 사랑하고, 우리 사이에 '사이' 같은 건 없잖아?

소피아, 내 머리에서 가장 중요한 거만 빼내 네 머리로 옮겨줘.

소피아, 네가 대신 저장했다, 내가 필요하면 얼른 꺼내줘.

소피아, 싫다고? 이것이, 그냥, 확!

소피아, 자꾸 튕기지 말고, 한 번만, 딱 한 번만, 응? 이리 와봐.

소피아, 자기야, 우리 또 사랑할까?

* 핸슨 로보틱스가 개발한 휴머노이드 로봇. 2017년 10월 사우디아라비아에서 로봇으로서는 최초로 시민권을 얻었으며, 유엔 경제사회이사회(ECOSOC)에 패널로 나와 많은 주목을 받았다.

아무도 남지 않은 별에서

이틀 못 봐도 그립지 않은 당신,
두 해 못 만나도 보고 싶지 않은 당신,
이백 년 헤어지고도 하나도 아쉽지 않은 당신.

불편한 만남보다
격리된 소통이 더 편리하고 자연스런 불구의 시간들.

내일은 마스크를 살 수 있는 날,
아무도 그립지 않고 누구도 만날 수 없는 별에서
오로지 와이파이와 텔레파시의 기호들만 바쁘게 떠다닌다.

반죽처럼 부푼 우리 사랑은 폭탄이 되고
지워진 곳을 가득 채운 소리와 떨림과 냄새,
들숨과 날숨으로 주고받는 지독한 사랑의 바이러스들.

당신 어디에서 왔어?

이억 년을 뛰어넘어 배달된 카톡과 페북메시지가
우리 이마를 성스럽게 씻어준다,
지금은 유효하지 않은, 젖은 구원처럼.

겨우

우리 몸속 RNA 1,595개 중 네 개만이 유인원과 다르단다,

사백 개 중 겨우 하나.

침팬지, 고릴라, 보노보들아,

오늘 저녁 우리 집에 마실 와, 김치부침개에 막걸리 한잔하지 않을래?

세계 인구 80억 중 이천만 명이 지구 전체 부의 절반을 차지하고 있단다,

사백 명 중 겨우 하나.

타워팰리스, 스카이팰리스, 로얄팰리스 형제들아,

우리들의 영원한 원숭이 동지들아,

이번 주말에 광화문에 가서, 바람 불어도 절대 꺼지지 않는 LED 촛불 한번 켜보지 않을래?

사랑하는 '겨우족'들아,

우리 사랑 식기 전에, 세상의 빛이 까무룩 어두워지기 전에, 우리,

못다 한 사랑을 보듬으면 왜 눈물이 나는지,
지쳐버린 사랑을 잃어도 왜 자꾸 눈물이 나는지,

마른 몸 눈물에 눅눅히 담가 보지 않을래?

공룡알 화석

그거 있잖아요, 참을 수 없는 존재, 그거, 세 번 읽었거든요, 첫 번짼 도대체 무슨 소린지, 두 번짼 재미가 조금, 이번 세 번짼 정말 놀라웠어요, 어쩜 그렇게 잘 짜인 그물 같은지, 촘촘하게, 인생이 다 그렇고 그런 거겠지만, 지저분하고 고상하다가 뜬금없이, 이내 뜨물처럼 흘러가는 거,

자꾸 말 끊지 말아요, 난 농담이 더 좋던데, 말 한마디 툭 던진 게, 가벼운 농담, 우리도 그냥 아무 생각 없이 한마디 툭, 가볍게 그냥 농담, 그게 한 사람 일생의 무게를 뒤집잖아요, 아니다, 쪼그라들게, 아니다, 씨를 말리게, 아니다, 삭아서 쭉정이만 남게 만드는데,

이번에 왜 가즈오 이시구로 있잖아요, 날 버리지만가, 네버렛미곤가, 하여튼, 또 다른 내가 나를 위해 산다면, 어딘가에서 내 몸을 갖고 산다면, 삶에 희망이 있는 건지, 모두 삭아서 허공만 남기는 건 똑같은데 말이에요, 겨우 일억 년도 못 살면서, 화석도 못 되면서,

그런데, 이게 갈대예요, 아니다. 삘긴가, 어렸을 때 하얗게 꽃이 피면 뽑아서 빨아먹었는데, 아니다, 꽃은 아닐 거야, 그런데 알이 어디 있죠? 겨우 몇 개뿐, 죽음이 너무 단순화되었네요, 추상화라고 해야 하나, 멸종될 것이고 어둠이 내리겠죠, 우리에게도,

있잖아요, 아무리 가벼운 것이라도 농담처럼 그냥 사라지지 말자고, 기념으로 우리 알 한 개씩 낳아요, 복제해요, 지금, 여기.

밤-새벽, 조금/살짝

새로 산 프린터를 설치했고, 잉크 노즐 막힌 걸 뚫는 데 온 밤을 보냈고, 모로코에서 찍은 사진 두 장을 시험 인쇄해 보았고, 모래의 붉고 노란 색감이 모니터 색상과 조금 다르네, 그 차이를 설명하는 말을 찾다가 '살짝'이라는 단어가 채굴됐고, '조금'의 뿌리를 캐보고 싶어졌고, 살짝/조금 어긋나는 것이 생의 결이라 단정했고,

작은 결이 어긋나 그토록 아팠으며, 쿠바와 멕시코 전통음악 '쏜(son)'은 '아들(son)'과 무슨 인연이 있길래, 아픔은 특히 혈육의 고리가 어깃장 나는 것이며, 일그러지는 걸 미리 막기가 얼마나 어려운데, 밥그릇도 한 번 찌그러지면 절대 원상회복되지 않는 법, 그래서 살짝/조금 내 몸에 생사불명의 아버지가 몰래 다녀가는 것,

내가 미워하는 것? 벌써 중년의 고갯길을 넘어가는 거? 그럴 리가, 여행 준비물은 몇 번 다녀본 덕에 30분이면 필요한 것을 다 꾸릴 수 있는데? P의 소설은 너무 지루해 기내용 독서로는 어울리지 않아, 그래도 14시간

이나 꼼짝없이 하늘에 떠 있어야 한다면? 살짝/조금 비틀어지는 시간, '지금'조차 휘어지는 시간, 나를 자꾸 스캔하는?

구름의 문장

옥수수가 서 있던 자리엔 날카롭게 잘린 우듬지만 남았다. 빗방울 몇 개 날리자 숨겨두었던 기록을 꺼낸다. 모호하지만 이미 해독된 전언을 땅에 상형문자로 적는다. 한 차례 뿌렸으니 한동안 더 가도 된다. 견뎌온 것들이 내 몸에서 잘 익어가고 있다. 구름 아래에서 천천히 꺼내 함께 읽자고 뒷장까지 다 보여준다.

가끔 우리의 교신을 방해하는 것도 있다. 바람이 풍차를 힘겹게 돌리고 있다. 벌레도 어디 갔는지 조용하다. 텅 비어 있다. 길게 그림자 눕고, 문장도 차례로 늘어져 가늘게 찢어진다. 시간이 좀 남아 있지만, 저물기 전에 지평선에 닿을지 모르겠다. 이대로 멈춰도 좋을 것 같다.

원래 정처 없는 것. 구름도 왔다가 가고, 함께 읽었던 문장도 애매모호하게 처리된다. 까마귀 한 떼가 옥수수를 물고 날아오른다. 그리고 다시 빗방울 몇 개가 문장을 새긴다. 왔고, 머물렀고, 그리고 사라진다고. 아무것도 남지 않는다, 는 것만이 유일한 흔적이다. 사람은 없고 흙을 더듬으며 지나가는 구름뿐.

천 년 동안 내리는 비

오늘로 꼭 천 년이군요, 주름마다 새겼던 기록도 무뎌져
나는 어디, 당신은 또 어디? 고문서 연구자들조차 고개를 갸웃거릴 만큼
지워졌지요, 이게 뭐야, 사용하지 않게 된 기호와 의미 사이, 맥락 끊기고요,
화석을 머금은 돌조각조차 남지 않았다고 말하지만,
우리가 한 땀씩 꿰맨 기억만은 선명해요,
비가 오니까, 하루도 빠짐없이, 물길도 바람길도 다 끊기고, 드러난 허공,
낡고 헐어 못쓰게 된 맥락 틈으로 붉게 부식된 쇳가루들이 떨어져요,

밤이 고요히 부서져요, 습자지처럼 울음을 머금은 어둠을 펴 말리다, 이게 뭐야
혼자 중얼거려요, 우리는 너무 멀리 왔어, 새소리도 고양이 발자국도
낡아가고, 비었다는 생각도 바싹 말라 텅 비고, 울음의 문서들이 덜그럭덜그럭

혹시 기억해요? 단 석 줄로 된 해독 불가능의 책력(冊曆),
덜그럭덜그럭, 이젠 너무 늦어 되돌아갈 수 없게 되었다는 주해를 덧붙이고
한참 안으로만 타는 불꽃을 바라보지요, 푸르게 번지는 심연,
꼭꼭 봉인하려는 음모들, 덮이는 봉우리들, 짙은 침묵들,

우리는 둥둥 떠내려가요, 떠내려가며 인사, 오랜만이군,
더 어두워지고, 골목마다 침묵들이 분주히 오가고, 어이, 밥은 먹었어?
꼬여버린 기호가 우리 가슴을 묶을수록 어둠은 더 단단해지는데
여긴 어디, 당신은 지금 어디? 자꾸 비 내려요, 배가 고픈데
풀도 무성해 길이 끊겼는데, 자꾸 어디로, 그런데, 여기가 어디죠?
그런데 사실, 아무도 내게 질문 따위는 하지 않아요,

어디냐고, 누구냐고

밥은 먹었느냐고, 비가 오니까, 천 년 동안.

사막으로 들어간 사람

"조금 기다려봅시다, 아직은 확실히 알 수 없어요."
베르베르인 알리는 밖을 응시한 채 건조하게 답을 한다.
앞이 안 보이게 모래폭풍이 불다가도
한두 시간 지나면 언제 그랬냐는 듯 맑아진다는 것,
모든 게 신의 뜻이라고, "인샬라!"

다섯 시 예정이었던 출발이 일곱 시로 미뤄지고
여전히 모래알이 얼굴을 할퀴는데도 낙타들은 묵묵히 걷기만 한다.
얼음물을 각자 한 통씩 배낭에 싣고
한결 더 가라앉은 저녁 하늘을 뒤로 두고 사막을 향해 나간다.
"일몰을 보긴 틀린 것 같아," 누군가 소리친다.

서쪽 모래 언덕 아래로 해가 조금씩 깔리면
먼저 붉은 빛줄기가 살며시 내려와 사구(砂丘)를 움켜쥔 다음,

한 줌의 모래를 손가락 사이로 흘려
석양을 배경으로 비스듬히 날리는 모습을 보여주어야 했다.
하지만 아직 붉은 먼지가 가시질 않는다.

한 시간쯤 걸려 캠프에 닿았을 때 하늘은 더 맑아졌지만
어둠이 사막의 절반을 이미 삼켜버렸다.
"모두 신발을 신고 다니세요. 전갈이 나올지 몰라요."
알리가 웃으면서 겁을 주는 사이
별과 달이 살짝 어둠의 커튼을 들추고 우리 틈에 낀다.

저 밖에 누가 있을까.
모래 산을 넘으면 모래, 그 너머 또 모래뿐.
아주 멀리 간다면 모로코 지나 알제리를 넘어 다르푸르까지
자동차 릴레이가 열리기도 한다지. 그런데
오늘 그 속으로 맨몸으로 정말 들어간 사람이 있다.

물통은 잘 챙겼나, 신발은 성한 거로 신었을까,
이유도 핑계도 남기지 않았고, 사막의 달은 환하게
우리 머리 위에 한 겹씩 두 겹씩 내려 쌓이고 있다,
털어내지 못한 모래들이 끈적끈적한 기억처럼 달라붙어서
아주 멀리 가지는 못했을 것 같다.

"인샬라," 조금은 식은 공기를 흔들면서
붉은 아침이 다가온다, 그 자리 사람들은 보이지 않고
버려진 발자국만 모래에 덮이고 있다,
이게 뭐지, 나는 털썩 주저앉아
모래 속으로 빨려드는 나 자신을 망연히 바라보고 있다.

사랑의 기록

학교 화단 옆 간이 테이블
"상민♥혜준_389일♥♥"이라 써놓은 하얀 글자 위에
단풍잎이 고요히 내려앉았다.
누군가 살짝 부끄럽기도 하겠지,
어린 연인의 마음을 읽어낸 듯 붉은 잎사귀가 살짝 덮어주고 있다.
그렇다고 다 가려 속까지 감추면 안 되니
은근슬쩍 보이게, 하트 반쪽 드러나게 절묘히 균형을 잡고 있다.
내놓지도 숨기지도 않은 그들의 389일에 걸친
사랑의 기록,
테이블에 껌딱지처럼 붙어 잘 숙성되고 있다.
낮에는 햇살이 쓰다듬고 저녁엔 바람이 핥고 지나가고
다시 밤이 오면 별들이 오래 들여다본
그 긴 사연들.
어쩌면 해와 달이 저 언어를 베껴
하늘 한 켠에 적어두고 틈날 때마다 읽어볼지도,
너무 오래 묵은 사랑에 진저리가 나 이 풋사랑이 살짝

부러울지도.

별마다 박힌 우주의 이명이 이슥히 흘러나올 때면
해와 달이 슬며시 질투하며 투덜대는 소리.
다시 389일이 지나고
다시 389광년 멀어진다 해도
사랑은 지겨우면서 지독히 지워지지도 않는 법,
잘 닦았다 싶으면 캄캄한 우주의 창에 등불을 걸기도 하고
지치고 힘들 때면 문을 두드리며 울기도 하는 법.
어차피 사랑이란 온 생애를 다해 견디는 일,
그러다 끝내 견딜 수 없게 하는 일.
한 시절의 희망과 기쁨이 가고 다시 한 철의 광기와 절규가 지나가고
지금 어린 연인의 어깨 위에 초겨울 빛이
살얼음처럼 빛나고 있다.

천기누설

한국이 낳은 세계적 거장이신 시인 J 선생을 아시는가. 그분 목소리에 봄새들이 따라 울었고, 그분 말씀에 여름 우레가 내리꽂혔으며, 그분 아우라에 가을 곡식이 통통 영글었고, 그분 침묵에 겨울 하늘이 쨍그랑 깨졌다. 그분에겐 늘 원고청탁이 밀렸다. 잡지사 출판사마다 매시간 전화를 해쌓고, 기자와 편집자와 해외통신원들이 잠깐 알현이라도 해볼 요량으로 문간에서 몸살을 앓았다.

그분은 연필로 시를 쓰지 않았다. 만년필로도 쓰지 않았다. 손으로 머리로 쓰지도 않았다. 쓴다는 행위가 정확히 지시하는 바가, 그에겐 다른 시니피앙이었다. 그런데도 그는 계절마다 백 편씩 발표했다. 시 전문 월간지, 계간지, 종합문예지, 여성지, 자동차/패션 잡지, 대기업 사보, 일간신문 문화면, 지하철 담벼락, 포털사이트 홈페이지, 시정홍보 팸플릿, 지역 국회의원 의정보고서를 도배했다. 결국엔 월가까지 점령했다.

그분은 부엌에서 시를 만들었다. 원하는 양만큼 솥에

서 쪄냈다. 전설의 레시피가 있었다. 문청 시절 지리산에 들어가 비기를 얻었다는 설이 있다. 검은 천으로 가려진 창고에 시를 만드는 재료가 가득하고, 그 앞을 하운드독이란 개가 지킨다는 소문도 있다. 좌우지간 그분의 영악한 제자 중 K란 자가 '기레기'에 누설한 바에 의하면, 이런 레시피가 있기는 있다. 오리지널 원본인지는 물론 확인되지 않았다.

[시 1편 기준] **재료** 삼백 년 묵은 바람 1/2 큰술, 촉촉이 젖은 눈물 20그램, 잘 말린 한숨 1컵, 이스트를 넣어 부풀린 절정의 사랑 1조각, 『유령들』 태운 재 약간, 세상을 바르게 비춘 거울 약간. **조리법** 500씨씨의 물을 끓인다 ▶ 끓는 물에 바람/눈물/한숨/사랑을 넣고 10분간 더 끓인다 ▶ 물이 자작자작해지면 재와 거울을 취향에 따라 적당히 가미한다 ▶ 엑기스가 푸딩처럼 변하면 굳기 전에 얇게 펴서 식힌다 ▶ 맛있게 찢어 먹는다[읽는다].

농담

무엇인가 말하고 싶지만 그것을 어떻게 표현할지 잘 떠오르지 않을 때, 그러니까 개념은 있으나 그것에 씐 언어가 구체적인 글자나 소리로 즉각 생성되지 않을 때, 이유는 두 가지이다.

그 모호한 이데올로기가 순간적으로 변해서 불확정적이기에, 그것을 잡았다고 판단하는 순간 이미 그것은 과거의 치졸한 문장 속으로 들어가 버리고, 끊임없이 새로운 공허를 내게 파도인 양 밀어내기 때문. 아니면, 그 불가해한 반죽 덩어리는 적시하고자 하는 것과는 근본적으로 다른 것인데, 마치 선험의 틀인 것처럼 조롱하고 조종하며 조절하려고 들기에 거기에 무의식적으로 저항을 느끼기 때문.

쿤데라의 『농담』 한 문장에 내 '농담' 한마디를 블렌딩하자, 전에 보지 못한 새 농담이 발생하는 것을 본다. 이건 절대 농담이 아니다.

2부

반복과 차이[*]

지금 얼마나 왔습니까?

남작에서 후작으로 오르신 높은 이가 훈시하시었습니다. "거리에 나서서 몇 마디 외친다고 세상이 바뀔 것 같습니까?" 그리고, 한 시인이 청년들을 전쟁터로 유혹했습니다. "나라의 부름을 받고 가실 때에는 빨간 댕기를 드리겠어요."

상처를 치유하는데 백 년이란 시간은 부족합니까?

국무총리까지 오르신 높은 이가 다시 훈시하시었습니다. "필요하면 일본 자위대 입국을 허용할 것이다." 그리고, 얼굴에 마스크를 쓴 젊은이들이 성조기를 들고 묵묵히 서 있습니다. "찌질하게 굴지 말고 방위비 분담금 빨리 보내라."

우리는 지금 얼마나 더 갔습니까?

* 이 시는 질 들뢰즈의 책 『차이와 반복』과 관련이 있을 수도 있고 없을 수도 있음.

臨政密旨

동지들 노고를 치하하오, 確言할 수는 없지만 우리가 언제까지 日帝의 발아래에만 있지는 않을 것인즉, 저녁이 오고 캄캄한 밤이 덮쳐도 어느새 新새벽의 빛이 밀려오듯, 동지들이 살게 될 나라는 지금과 확연히 다르리라 믿소, 다만 이 은밀한 書信이 사람 사이에 口傳처럼 전해져 暴政을 견디고 獨裁의 담금질을 무사히 건너갈지, 적잖이 염려되지 않는 건 아니오, 그래도 우리가 上海 시대를 접고 안개 자욱한 中京에서도 잘 견뎌냈듯, 동지들도 촛불 밝히며 새날을 열었으리라 확신하오, 鼠鷄는 본디 날이 밝으면 시끄럽게 짖고 까부는 것들이니 동지들의 희생과 노력으로 모두 물리쳤으리라 믿지만, 정작 노심초사 疑懼스런 게 있다면 우리 내부에 도사린 陰險한 세력들이오, 그들은 가면을 쓰고 순한 양인 양 행세를 하고 다니면서, 오히려 뻔뻔스레 親日과 獨裁에 부역하고 기생한 過誤를 훈장으로 알고 큰소리칠 것이오, 또 달콤한 말에 附和雷同하며 백 년의 고통이 맺은 결실을 가로채 가는 자도 있을 것이오, 그러하기에 부디 잊지 마시오 過去의 피눈물을 기억하는 자가 미래를 主宰하게 된다는 것, 새벽에 쓴 이 書信을 그 누가 읽든 이름 모를 그대도 첫새벽에 읽으면 좋겠소, 우리 뜻이 백 년 後代의 동지에게 무사히 닿고, 그대는 다시 백 년 後의 동지에게 고이 傳하기를 바랄 뿐이오, 하나 附記하거니, 解放과 統一의 깃발이 펄럭이는 날, 강을 거슬러 백 년 전 우리에게로 환한 答信 한 줄 보내주면 좋겠소.

쇼나

비 오던 날 현장에 갔습니다. 전일빌딩 입구에 쇼나 조각상이 서 있었습니다. 세 여인의 얼굴을 추상화한 것이었는데, 모두 눈물을 흘리고 있었습니다. 눈썹도 젖었고 눈동자도 깊었습니다. 살아 있으니 반짝이나보다 싶었습니다. 전시회에 내가 오리라는 걸 이미 알았을까요. 눈물을 닦고 작품을 안내하기 시작했습니다. 돌을 쪼아 새긴 몸통은 흰색이거나 회색이었는데, 얼굴만은 검어서 어둠을 머금은 듯했습니다. 드디어 9층에 이르자 창밖으로 하늘이 훤히 드러났습니다. 접혔던 시간이 펼쳐졌습니다. 그 순간 가까이 헬기가 날아왔고, 드르륵 기관총 소리가 울렸습니다. 총알은 기둥에도 박히고 바닥에도 박히고, 쇼나의 얼굴에도 박혔습니다. 대수롭지 않다는 듯 쇼나는 설명을 이어갔습니다. 우리 삶은 오래 지속되니 이야기도 끝나지 않을 거라고, 누군가의 말인가를 인용하기도 했습니다. 총알 하나가 내 심장을 관통했지만, 나는 생의 선물로 간직하기로 했습니다. 약속이나 다짐처럼 입구에서 쇼나가 오래 손을 흔들어주었습니다. 여전히 봄비가 내리고 있었습니다.

* 쇼나 조각(Shona Sculpture). 1950년대 아프리카 짐바브웨의 쇼나 족에서 시작된 조각으로, 제3세계 현대미술을 대표함. 우리나라에서도 여러차례 전시회가 열림.

침묵의 방

"연극배우 김모 씨가 고시원 쪽방에서 숨진 채 발견되었다.

곁에는 소주 몇 병과 휴대전화만 놓여 있었다."

술병과 핸드폰뿐이라고?

경찰이 놓친 게 있다, 방안에는 그것만 있었던 게 아니다.

김씨가 아침마다 뱉아 놓은 욕설 한 묶음, 저녁에 부려 놓은 탄식 두 더미,

그리고 오래 쌓인 침묵.

엄니, 워디 계셔요, 지난밤 꿈에 나와, 슬쩍 손이라도 잡아보려는디, 저 모기시끼 땜시 잠을 깼당게요, 시방 나랑 뭐 하자는 거요, 올 티면 와서 따신 밥이라도 한 그릇 같이 자시던지, 내사 가난혀도, 단골 국밥집에 가면 한 달은 외상 그어도 되어요, 엄니, 벌써 아부지 가신 데로 따라가셨다요, 그러믄 안 되지라, 여그가 아무리 지옥이라도, 산 목심이 죽은 목심보단 낫것지요, 인자 엄

니 얼굴도 감감헌디, 어제는 요 아래 형찬이랑 어울려 한잔 꺾다가, 고향이 워디냐고 묻길래, 한 대 갈겨주고 말았소, 내게 고향이 어디 있간디요. 에미 없는 자식이라고 손가락질 당하다 고향 떠난 지가 삼십 년, 중국집 시다부터 대리운전까지 틈틈이 안 해본 일이 없는디, 입에 풀칠허기도 어렵고, 예술은 무신 얼어죽을, 내사 이 판에 아즉까지 붙어 있는 건, 예술도 술은 술잉께, 내가 좋아하는 쇠주잉께, 쇠주가 이 드러운 세상보다 더 맑응께.

침묵을 살며시 들춰보면
바퀴벌레 같은 고통과 곰팡이 슨 좌절이 있다.
삭은 눈물방울 틈새에 단역 배우의 긴 독백이
납작이 눌려 있다.

꿈꾸는 사람

아직 조금 더 남았지, 그 다리에 가기 전
편의점에 들러 담배를 사야겠어, 마지막으로
끊었던 것, 십오 년 동안, 불안한 희망이었던 것,
다시 불 붙여보는 것도 괜찮겠지, 전화는
아니 문자는, 한 서너 마디라도 적어서
당신 잘못 아니라고, 아이들 잘 부탁한다고,
미안하고 사랑한다고, 해야겠지, 이 순간에
사랑이란 낡은 말이 무슨 소용, 모두
사치이거나 미련이지, 날 버리고 떠난 사람아,
철지난 유행가 가락에서나 나올, 부쩍 자라
얼굴도 몰라볼 아이들아, 마지막이니
이제 마지막이니 조금만 귀 기울여 주렴, 손 닿는 곳에
있다면, 하찮다 여긴 것들이 죽어 다시 살아난다면,
찢기듯 길바닥에 배를 깔고 온기를 빼앗기고
등골이 휘고 등이 시리고 등 떠밀려
이제 가야겠네, 어둠을 적시는 불빛들은 여전히 분주하게
자정과 새벽 사이에 무심히 눌린 시간을 밟고 가네,

다리 위에 올라 강 건너편을 보면서
잠시나마 오십 평생을 주마등처럼 떠올려보네, 몸을 던져
새처럼 혹시 날게 된다며, 훨훨
담뱃불 붉고, 첩첩이 꽃잎도 붉고, 훨훨
강물조차 붉어지네, 훨훨

불편한 기도

오늘은 주일입니다. 요크 거리를 걷다 하루짜리 일회용 신자가 되어 성당* 미사에 갔습니다. 어젯밤 속세의 광란을 들뜬 눈으로 지켜본 눈알을 오늘 성스러운 기운으로 씻어내야 할 것 같았습니다. 미사가 진행되는 한 시간 남짓 나를 감싼 엄숙하고도 평화로운 '소리'를 들었습니다. 어떤 내용인지 세세히는 잘 모르지만, 그 소리가 적시하는 바는 쉽게 감지되었습니다. 각자 자신의 기도를 올리는 짧은 순서가 됐을 때, 이런 것에 익숙지 않은 나는 기도 대신 몇 개의 질문을 두서없이 던졌습니다.

성당 옆에 노숙자가 개 한 마리와 잠들어 있던데 그 사람은 무슨 죄를 지었나요? 세상엔 개도 많지만 개보다 못한 인간이 왜 이리 많은 걸까요? 죄 없는 사람은 일찍 가고, 누가 봐도 '그네'스런 새끼들은 어쩜 이리도 염병과 지랄을 그치지 않나요? 잘못을 아는 사람은 늘 가난하고, 염치를 버린 자들이 늘 떵떵거리는 이유는요? 과연 당신께선 어떤 위대한 설계도를 갖고 계시기에 우리 사는 세상이 이리 험한가요? 제 질문이 너무 세속적이고

낯서시죠? 모든 진실은 세속화에서 나온다고 믿는 저는 어떤 죄를 짓게 되는 건가요?

* 영국의 요크 민스터(York Minster).

수전 손택, 『타인의 고통』, p.154

"지난 19일 전북 익산시 한 도로 옆에서 마대자루에 싸여 버려진 푸들이 구조되었습니다…… 지난해 전국에서 구조된 유기동물은 100,256마리(길고양이 제외)로 집계됐습니다…… 천안의 한 펫숍에서 개 160여 마리가 완전히 방치되어 있다가 그중 79마리가 사망했습니다."

그렇게 우린 보호센터에 모였습니다.

옛 주인 얼굴을 그리며 짖어봅니다. 에구 예쁜 아가, 아빠가 안아줄까, 엄마하고 산책하러 갈까, 행복했던 기억이 떠올라 짖어봅니다. 철창문이 잠겨 그냥 똥을 쌌는데, 오줌도 섞여 밥그릇에 담겼는데, 그 정돈 괜찮다고 짖어봅니다. 그저께 들어온 코가 까만 애가 방금 죽어서, 한 줌도 안 되는 영혼을 달래며 짖어봅니다. 지옥인지 천국인지, 밤인지 낮인지, 순간인지 영원인지, 그것이 알고 싶어 짖어봅니다. 짖는 소리가 허공을 울릴 때마다 누군가 우리 존재를 인정해주는 것 같아, 또 짖어봅니다. 4박자든 왈츠든, 막 짖어봅니다. 눈물은 사치, 그냥 온종일 짖어봅니다.

우리가 종일 빚은 소리는 동굴 안쪽으로 빨려 들어갈 뿐, 밝은 세상 밖으로 반향돼 돌아오지 않습니다. 그래서 다시 한 번 소리가 사라지는 순간까지 짖어봅니다.

메르스 시대

나는 14번 슈퍼전파자,
모두 날 욕하지만, 몰랐어, 방송에서 난리를 쳤어도, 그게 난 줄 몰랐어,
응급실에서 삼 일 머물렀어, 그래 사람들 '접촉'했어, 옆 환자에게 '빨리 나으세요' 몇 마디 했어,
물론, 미안해, 나 때문에 세상이 구멍이 났다는데, 정말 미안하다고,
겨우 내가 할 수 있는 거, 의료진에 피자 몇 판 돌리는 거.

바이러스는 어디에나 있어,
저기 영혼 잃은 시체들, 길거리를 가득 메운 자동차들,
백화점에 진열된 가죽들, 가죽 틈새를 메꾸고 있는 불만들,
붉게 물든 언어들, 페이스북과 트위터를 오염시키는 혀들, 자본의 피를 빨아먹는 1%들,
나머지 99%의 99%를 빼앗아가는 악귀들, 고통과 고질병의 안내자들.

고마워, 탄저균, 조류독감, 에이즈, 콜레라여,

흑사병 시대로 우릴 데려다주겠니, 좀비들끼리 시간(屍姦)을 즐겨야지,

나는 슈퍼전파자, 너에게 사랑을 전해야지,

우리가 중세에 맺었던 언약대로, 지금 여기 메르스의 시대를 뜨겁게 견뎠으니, 이제, 내 몸을 구겨 넣어야지,

모든 미래의 생명들 틈으로.

저항

나미비아 문밸리(Moon Valle)에 가면

신기한 풀*이 있다네, 씨앗이 땅에 떨어져 싹을 틔우기까지

오십 년, 새벽마다 이슬 마시고 어쩌다 사막 안개가 끼는 날이면 옅은 수증기를 빨아들여

작은 문을 열고 모래 틈으로 살짝 고개를 밀어 올리신다네.

거친 바람이 천 년을 흘러, 드디어 목숨 맺을 때까지

누가 뜨거운 태양에 감히 맞서겠나, 소금기 마른 공기를 옷이라 여기며 견디겠나.

그냥 던져진 삶, 내동댕이쳐진 생의 비극.

묵은 회억(回憶)처럼 빗방울 날리는 날 노란 꽃 순식간 피우면, 타조와 스프링복이 찾아와 꽃잎을 뜯어먹지,

씨앗도 더불어 한 줌 삼키고. 이것이 그들에겐

거대한 저항, 사막의 고독을 이기는 싸움.

혓바닥 늘이듯 잎사귀를 벌려놓고 우주의 주파수에

늘 촉수를 세우는 이유, 여기에서 뿌리박아야 하니까.
이겨야 하니까.

* 웰위치아(Welwitchia)라 불리는 나미비아 사막 식물.

우리 동네 식당 순례기

점심은 우리 동네 한정식집에서 먹습니다. 부처님께선 여기가 처음이라고, 참 정갈하다 칭찬하십니다. 나도 덩달아 기분이 좋아집니다. 따라온 보살님도 비빔밥에 참기름 살짝 뿌려 맛있게 공양하십니다.

저녁은 우리 동네 갈빗집에서 먹습니다. 예수님께선 고기가 부드럽고 육즙이 좔좔 흐른다며 인증샷을 찍으십니다. 나도 배가 부른데 자꾸 더 손이 갑니다. 따라온 집사님도 맛있게 왕갈비를 뜯으십니다.

야근 끝나고 우리 동네 치맥집에서 한잔합니다. 산신령님께선 분위기가 좋다며 폭탄주를 자꾸 돌리십니다. 나도 자꾸자꾸 들이붓습니다. 따라온 도령님도 '양념 반 프라이드 반'에 손가락까지 빠십니다.

오늘 모두 만족했으니, 내일도 배불리 세끼 먹을 것입니다. 세금도 팍팍 내고, 시주와 헌금과 십일조도 따박따박 냈으니, 지금 이 땅 위에서 영원한 평화와 지복을 누릴 것입니다.

성 주일 아침, 아이히만 씨들

우리 동네 아이히만1 씨는
주일 아침, 교회에 가서 예배를 드린다,
설교 시간에 꾸벅꾸벅 졸면서, 하늘에 계신 아버지, 제발 복권 하나만, 제발,
같은 시간, 우리 동네 아이히만2 씨는
빵을 사러 간다, 잡곡빵 주세요, 에구머니 잡곡빵은 다 떨어졌어요,
모닝빵 한 봉지와 소보루빵 두 개를 사서
하나는 딸애 주고, 하나는 집 나간 아내, 나쁜 년, 그 년을 위해 남겨두고,
같은 시간, 우리 동네 아이히만3 씨는
늦은 아침을 먹고 '전국노래자랑'을 기다리며 '진품명품'을 본다,
우리 집에도 옛날에 옛날 책들이 꽤 있었는데
어무이, 그거 다 어디 갔능교? 육 년 전에 이사하면서 니가 다 버렸다 아이가,
같은 시간, 우리 동네 아이히만4 씨는
페이스북에 머리를 박고 있다, 눈팅만 했더니 페친에

서 자꾸 짤리는 거 같어,

시발, 즤들은 뭐가 잘났다고, 말로만 이빨까는 새끼들이,

먹방 사진이나 올리면서, 시바 새끼덜, 욕을 해대는 사이,

우리 동네 아이히만5 씨는 명품 등산복을 입고

배낭에 에비앙 물병을 꼽고 동네 뒷산을 오른다, 두 시간이면 내려가니,

고향 친구에게 점심으로 칼국수나 먹자고 문자를 날린다,

갸도 어릴 적 고향 떠나 솔찮이 고생 좀 혔지,

정오가 가까워져 오는 같은 시간, 우리 동네 아이히만6 씨는

택배를 기다리고 있다, 아 좆만 한 새끼들,

11시에 온다면서 벌써 30분이나 지났잖아, 아 좆만이들이 약속을 안 지켜,

돈을 받아 처먹고 일을 하면, 돈 받은 만큼 좆나게 뛰어야지, 아 좆만 한,

같은 시간, 우리 동네 아이히만7 씨는

종편 뉴스를 보며, 혀를 끌끌, 아령을 들고 운동을 하면서도

눈을 티브이에 고정시킨 채, 세상 말세야, 저 빨갱이들 다 북으로 보내뻐리든지,

아 경찰이 물러터져서 탈이야, 싸그리 잡아 족쳐야,

혀를 끌끌 차는, 같은 시간, 우리 동네 아이히만8 씨는

절에 가는 대신 집에서 불공을 드리고 있다,

칠성당에 계신 쥐닭이시여,

남들에게서 빼앗은 것을 내 주머니에만 넣어 주시옵고,

남들의 목을 졸라 일용할 양식을 내 밥그릇에 가득 넘치게 하여 주시옵고,

배를 터지게 하여 주시옵고, 같은 시간,

우리 동네 아이히만9 씨는 어제 태극기 집회에 나가

모르는 척 받은 일당을 지갑에 꼬깃꼬깃 감추며, 드러운 새끼들,

두 장은 더 줘야지, 같은 시간,

우리 동네 아이히만10 씨는 아이히만11 씨에게 아이히

만12 씨 뒷담화를 까고,

같은 시간, 우리 동네 아이히만13 씨는……

한 점 붉은 의혹

조류독감에 이어 구제역이 이라크 공습처럼 쓸고 간 저녁
우리는 골목집에 모여 닭다리를 뜯으며 닭에 대해 이야기한다.
이 비싼 것이, 아, 이 불쌍한 것이 말이여,
분노 게이지가 위험수준으로 올라가고 빨간불이 켜지자
누군가, 그 닭이 만병의 근원이었던 거야, 단정해버린다.
답 대신 시큼털털한 막걸리 잔으로 각자 손을 뻗어
단숨에 목구멍에 부어넣는다, 막혔던 숨이 순간 트인다.

그때까지 지긋 관망하기만 하던 梅窓*이 마침내 입을 연다.
어쩌면 이 순간을 너무 오래 기다렸는지
기다린 것은 우리가 아니라 당신이었는지, 붉은빛이 술상에 내려앉는다.
우린 모두 취객이며 어설픈 페미니스트이며 망명객 아닐까,

찢어진 적삼 사이로 드러난 빨간 한 점 의혹이 아닐까,

눈 감고 입 벌린 저 황홀을, 마치 관음증처럼 앓는 가상의 속죄자들 아닐까.

恩情이 찢어질까 두렵다고?

모든 죄는 입에서 나와 입으로 들어가는 법.

동네 아줌마들 들락거리던 닭장에 영장을 가진 특별검사가 못 들어갔다고

논리적으로 도저히 납득이 안 되는 뉴스가 아침부터 속을 뒤집었지.

우리는 다시 저 유명한 비논리의 고해를 기억해야 해.

핵심목표는 올해 달성해야 하는 것이 이것이다 하고 정신을 차리고 나아가면

우리 에너지를 분산시키는 것을 그렇게 업그레이드할 수 있다고 생각합니다.

내 말에 토 달지 마세요, 병 걸리셨어요?

우리는 사실 닭에게 일말의 연민을 갖고 있기도 하다.

막걸리를 소주로 바꾸든, 맥주로 입가심하자고 했다고꾸라지든
계란 한 판이 사천 원에서 만이천 원으로 뛰든 상관이 없는 것이다.
절망이 떡이 되든 죽이 되든 한 끼 걱정이 해결되고 나면
살짝 닭장에 들어가 살찐 놈으로 모가지를 비틀어
치킨의 정수인 닭다리를 뜯으며 분노하기만 하면 되는 것이다.
붉은 한 점 유혹을 뒤집기만 하면 되는 것이다.

나는 지금 여기 있는데, 술 마시던 '우리'는,
마지막까지 '和姦'을 '花奸'이라고 우기던 동지들은 다 어디로,
우리가 남이가, 꾀던 누이와 형들은, 그 많던 블랙리스트들은
어디에서 밤새 '닭쳐'와 '닥쳐'의 차이를 설파하고 있는가.

냉골에 기대어 한풍에 피를 말리며 세월이 자박자박 걸어가고 있다.

우리는 곧 닥칠 봄에는 꼭 화전놀이나 가자고

찢긴 저고리 품에 세상 의혹을 다 품어보자고 약속하는 것이다.

* 이매창의 시 참조. “醉客執羅衫 羅衫隨手裂 不惜一羅衫 但恐恩情絶”

배신견들

나는, 너는, 어디에서 와 어디로 가니?
아니, 왜 왔다 가니? 술 한 잔 놓고 울분을 섞어 마신다 한들
그건 철 지난 푸념일 뿐,
푸르른 청춘이라고? 웃기고 자빠졌네!
좀벌레 먹은 영혼, 너덜너덜해진 넝마들이 길거리를 헤매고 있지,
속절없이 나이만 든, 늙고 싶어도 늙을 수조차 없는 늙은이들이
그래 돌을 던져라, 허공에 공허를 울부짖을 뿐,
골목은 어두워도 길고양이들은 더욱더 깊은 어둠으로 숨고
이제 낯 따윈 술집에도 없고 정오가 지난 빛 속에도 없어
서로 믿었던 게 유일한 실수라면 실수,
권력은 달콤한 마약이걸랑! 설탕물 잔뜩 발라져 있거든, 쉬벌!
개들의 시절이 오고, 이어 승냥이가 오고 지금은

지랄아, 내게 와 술이나 한잔 따라 다오,
잘 가라, 닭새끼들아, 쥐새끼들아, 먹다 남은 뼈다귀들아, 아니
변절한 자들의 화려한 언어들아,
너희 세상엔 반성이나 성찰이란 단어가 없겠지, 두려움조차, 라고 한들
아무 위무도 안 된다는 걸, 내가 지나온 황량한 사막에서
절망의 노래만이 먹물처럼 번진다네, 아무 기록도 남은 게 없다고,
길은 코앞에서도 보이지 않고, 아무리 촛불을 밝혀도
발아래에선 교활하고 영리한 자들이 음흉하게 비웃고 있네,
혀를 뽑아 소금에 절이면서
커터칼로 우리 심장을 도려내면서,

숲에 대한 생각

나무는 불이 되고, 그루터기는 흙이 된다.
시간은 빠르게 늙어간다.

모두 옷을 벗고 있다. 서로 몸을 만지고 비비고 핥고 있다.
한때 살아 있던 것들은 모두 저렇게 섞이고 있다.

개미들이 시속 오 미터로 걸어가는 사이, 그 잎사귀 위로 흘러내린 햇살이 무겁게 가지를 휜다. 버섯이 났던 자리에 지금은 어둠이 고여 있다.

어제는 숲을 지나 모임에 갔더니, 모두 '헬조선'을 떠날 궁리를 하고 있다. 독한 음모가 나무 수액처럼 온몸을 적셨다. 누군가, 혁명이 필요해, 아니면 테러라도, 라고 외쳤다.

믿지 말자. 믿을 수 있는 것은 모두 수장되었다.

자작나무들이 무더기로 물구나무를 서서 사진을 찍는 장면을 연출한 적이 있다. 흰색이 가끔은 절망을 표백시키는 힘이 된다. 목숨 붙어 있다고 다 살아있는 건 아니다.

이런 건 아무리 써봐도, 변명밖에 안 된다, 그러니 …… 안녕!

최후의 만찬

기차를 기다린다.
여덟 식구가 짐 보따리 위에 앉아 있다.
모두 말이 없다.
딱딱거리던 군인도 지금은 딴청을 부린다.

담배 파는 아이가 지나간다.
노인이 아이를 불러 반지를 빼주고 캐러멜을 산다.
면도칼을 꺼내 여덟 조각으로 나눈다.
가족 모두 하나씩 먹는다.

기적이 울린다.
아우슈비츠.

3부

어성전*

지난 주말엔 행성 케플러-F22에 가서 술을 마시며 놀았습니다. 내 생에 몇 번 안 되는 기이한 일이지만 막걸리 없이 오로지 소주만 마셨습니다. 그런데 더 기막힌 일은 술의 알코올이 내 몸으로 들어가지 않고 산막을 둘러싼 덤불로 흘러가 붉은 꽃으로 타오르는 것이었습니다. 그리고 한번 피어난 불꽃은 적어도 일억 년은 계속 빛날 거라는, 하늘의 별이 다 그렇게 생겨난 거라는 말을 들었습니다. 그 행성의 주인이자 산신령인 분이 직접 이른 말이니 믿을 수밖에요. 덕분에 나는 무려 5차까지 버티고도 내가 마신 것이 술인지 물인지 모르는, 일종의 해탈 법열을 경험했던 것입니다.

* 강원도 양양군 현북면에 있는 마을.

두근두근

사람이 살다 간 흔적은 어디에 남을까? 일전에 돌아가신 외삼촌의 90 평생은 지금 어디에? 몸과 함께 땅에 묻혔을까? 사리처럼, 혹은 석탄이나 석유처럼, 과거의 존재들이 어디엔가 물질의 형태로 머물고 있진 않을까? 지독한 증오는 동굴이 되고, 천 년의 사랑은 보석이 되고, 르완다에서 죽은 백만 명의 유령은 거대한 해일이 되고.

방금 60년 지기 정한용 씨가 죽었다는 문자를 받았다. 너무 일찍 가 안타깝기도 하고 잘됐다 싶기도 하였다. 우리는 막걸리에 모둠전을 놓고 말없이 한참을 앉아 있거나, 누가 먼저랄 것도 없이 자리를 털고 일어나곤 했다. 그의 생애는 어디에서 어떻게 굳었을까? 혹시, '두근두근'이 되어 있지 않을까? 기호나 문장이 아닌, 그저 두근두근.

오래전 우린 조천 앞바다에서 두근두근을 발견하고 공평히 나눠 가진 바 있다. 그 '두근'을 세상 뜨며 슬며시 내놓은 것, 나는 내 것을 꺼내 둘을 맞춰보았다. 오래 끊었던 술처럼 번민과 후회가 와르르 부글부글 끓어올랐다. 헌데, 두근두근, 합쳐봐야 겨우 네 근이라고, 너도 곧 갈 것 아니냐고, 그가 비웃으며 중얼거리는 것이었다.

콧물의 내력

감기 삼 일째. 머리가 지끈거리고, 온몸이 오슬오슬 춥고, 기침이 나고 — 이런 증세쯤은 견딜 수 있다. 정말 참을 수 없는, 내 의지로 어쩔 수 없는 게 하나 있으니, 바로 쉼 없이 흘러내리는 콧물이다. 휴지로 감당이 안 돼 그냥 두면, 고장 난 수도꼭지 새듯 맑은 물이 주르르 흘러내린다. 얼마나 투명한지 한 컵 받아 놓았는데, 이걸 보고 누군가 '어머, 이거 삼다수예요, 에비앙이에요?' 물어볼지도 모른다.

내 몸 어디에 이토록 많은 물을 저장해 두고 있었을까. 저 깊은 우물을 누가 파 놓았을까. 처음엔 꼭지에서 졸졸 흐르던 물이 옷을 적시고 발목까지 차올랐지만, 그저 그러려니 했다. 그런데 드디어 콸콸 새더니, 무릎을 넘어 허리까지 넘실거렸다. 그러고도 멈추질 않고, 우리 집을 집어삼키고 우리 도시를 하얗게 덮고, 드디어 전국에 비를 뿌리는 것이었다. 어젯밤 그토록 비가 내린 데에는 다 연유가 있다.

그 비를 맞으며 서울 낯선 거리에서 막걸리를 마셨다. 물통을 다 비웠으니 다시 채워줘야 할 것 같았다. 이 성스러운 역사에 동참해준 분이 몇 있다. 모두 나보다 글을 백 배는 잘 쓰는 이들. 그러나 적어도 '물'에 대해서만은 내가 한 수 위라고, 빗줄기를 보며 혼자 중얼거렸다. 빗물도 내 배후가 되어 응답했다. 물 흐르는 대로 따라가, 사는 게 뭐 대수라고. 내일은 비 그치고 내 우물도 더 깊어지면 좋겠다.

여름 감기

나흘을 버티다 결국 병원에 왔다.

내내 콧물이 한강 발원지 검룡소 샘처럼 그칠 줄 모르고 줄줄 샜다. 그새 내가 쏟은 기침은 허리케인 카트리나를 능가했다. 천둥과 번개가 하늘과 지하 세계까지 흔들었다. 머리에서 시작된 두통은 목을 타고 내려가 가슴을 쾅쾅 치고, 마침내 손끝 발끝에 고통의 꽃을 환하게 피웠다. 한낮에도 태양이 어둡고 시간이 멈춘 듯했다. 이대로 끝날 순 없지,

아침 일찍 동네 병원에 달려와 순서를 기다리고 있다. 그런데,

나보다 먼저 온 이들이 여럿. 모두 콧물과 기침과 두통을 한 아름씩 안고 있다. 어젯밤에 도처에서 태풍이 불고 우주가 기울어졌구나. 고통의 꽃이 산불처럼 번져 무성한 숲을 태웠구나. 처절한 배신과 격렬한 혁명이 여전히 세상을 흔들고 있구나. 에어컨은 빵빵하게 돌아가

고, 여름의 감옥에 너나없이 갇히고 있구나. 지금이라도 탈출해볼까. 감히 어딜,

다음 환자님, 들어오세요.

어느 하루

이제 밥도 먹었고,
만질 수 없는 시간이 앞에 있고,
미루던 원고도 끝내 속이 시원해지고,
그래서 텅 빈 시간이 내 앞에 휑뎅그레 놓여 있고,
아침 햇살은 부드럽고 하늘도 높고,
날씨는 살짝 쌀쌀 살짝 포근 살짝 다정하고,
누구 만나기 좋은 날인데 약속도 없고,
아침나절 문 여는 막걸릿집도 없을 것 같고,
그렇다고 낮술 하고 싶은 마음이 이는 것도 아니고,
점심으로 짜장면을 먹을까 짬뽕을 먹을까 미리 궁리하다 관두고,
느닷없이 밥 말리가 부른 레게 음악이 정말 매력적인 건가,
내 맘에 꽂히는 건가 생각하다 치우고,
얼굴에 뾰루지가, 아니다, 사마귄가, 뭐가 나서 피부과에나 가볼까,
'~에나'라는 표현이 내 지금의 삶을 사각사각 갉는 건 아닌가, 생각하다가,

이런 생각이 내 생각을 말리는 건 아닐까, 또 생각하다가,

생각의 꼬리를 잘라 구우면 한두 끼 양식이 될까 궁리해보고,

'궁리'는 내 친구 회사 이름인데, 라는 궁리의 끝이 닿고,

밥 먹을 때가 또, 거의, 이미, 됐네,

라는 궁극적 이치를 깨닫고

날이 가고, 아니

가지 않고.

웃기는 짬뽕

나는 블랙리스트 시인이 아니었다. 틈에 끼지 못했다. 일말의 불안과 불평과 불명예와 부조화를 새기며 끄적여야 하나, 이러려고 글이란 걸 쓰나 자괴감이 들었다. 까탈스런 성질머리 덕에 어느 모임에 말석으로도 기웃거린 적 없으니 응당 받아야 할 대가였으리. 여전히 바람은 불던 대로 불고 강물은 흐르던 대로 흘러갔다. 달라진 것은 없었다. 그렇게 시절이 갔다.

하여, 이제 고백하거니, 나는 시골적 도회주의자이며, 모더니즘적 리얼리스트이고, 파전적 삼겹살 옹호자이다. 막걸리적 소주파이고, 화이트적 블랙선호자이며, 속물적 미학추구자이다. 보수나 진보의 한쪽 끄트머리로 몰려가고 싶지 않고, 회색분자로 요리조리 빠져다니고 싶지도 않다. 말하자면 섬세섬세한 대충대충주의자라는 걸 밝히고 싶다. 짜장도 먹고 짬뽕도 먹는다.

겨울답지 않게 날이 따뜻하고, 지구 아랫녘 뜨거운 땅에서는 사람과 짐승이 불타고 있다. 물 한 줌 보낼 수 없지만, 눈물 몇 방울 보탤 줄은 안다. 그래도 결말은 똑같은 비극이고, 입 큰 자들에게서 불온한 언어가 흘러나오고 있다. 세상이 짬뽕 국물처럼 빨개지고, 짜장 자국처럼 까매진다. 모두 블랙이 된다 해서 변명할 여지가 생기는 것도 아니다.

기울다

'시 잡지'라고 친다는 게 '시 자지'라고 쳤다.
'낼 보자'라고 친다는 게 '내 보지'라고 쳤다.

자판 위에만 올라가면 내 손가락은 '19금'으로 기운다.
19세기를 지나고 21세기를 넘어, 광막한 시간의 경계를 가로지른다.
적나라한 욕망, 무절제한 관음, 억압된 배설의
추상과 무질서의 비빔밥을 퍼먹는다.

통제불능이다.
여태 살아온 날들을 가만 돌아봐도 삐뚜름하다.
내가 기울어 있어 똑바른 것들도 기울었다 여겼구나, 본래 내 것이
어디 있겠는가, 세상은 본래 좆같고 씹같은 것,
이렇게 소금을 치며 간을 본다.

자지/보지 사이에서,
그 좁은 틈새에서 우리는 갈등하고 뒤집어지고 깨지다

가 길을 잃고
가끔은 새 생명이란 이름으로 순수를 위장하고
또 가끔은 무심한 듯 밥을 먹기도 한다.

저기, 근본 없는 질문들,
혓바닥을 늘어뜨린 채 기울어져 있다.

사진 한 장

어버이날 페이스북 담벼락엔 뜨뜻아픈 사연이 넘친다.

아들딸과 저녁 약속했다는 사람, 치매로 기억 잃은 아버지께 꽃편지 쓴 사람, 미국으로 입양되어 이름도 모르는 친부모 찾는 사람.

나도 뭔가 쓸 말이 없을까?

그렇지, 지난달 고향 집에 갔다 오래된 사진첩을 찾아냈었다.

유품이니 내가 보관해도 되겠다 싶었는데, 일찍이 본 적 없는 어머니 처녀 적 사진이 하나 툭 떨어지는 것이었다.

아주 미인이어서 자랑해도 될 것 같았다.

페이스북에 엄마 얼굴 공개해요,

승낙을 받으려 전화를 걸었지만, 어디 마실 가셨는지 통 받지를 않으신다.

교환원의 안내에 의하면, 지금은 연결이 어렵네요, 세월 조금 더 지나 만나게 되거든, 그때 직접 여쭤보는 게 어떻겠어요?

그때까지 기다리기 어려우니, 대신 좀 여쭈어 달라 했다.

천 개의 해가 지고, 만 개의 달이 떴는데요,

엄마 계신 곳에도 봄 오면 꽃 피고 가을 되면 바람 부나요? 거기, 페이스북 안 되면 카카오톡은 되나요?

여기, 아프게 그리워하는 사람 하나 있는 거, 아시나요?

설거지

언제부턴가 설거지는 내 전담이다. 오래되어 이젠 몸에 익었다. 수저는 수저끼리, 공기는 공기끼리, 끼리끼리 닦고 모으고 세우는 게 요령이다. 크기와 색깔과 무게에 따라, 물기 쪽 빠지도록 맞춰놓으면 비로소 설거지가 완성된다.

엊그젠 부지런히 설거지를 하는데, 누군가 어깨너머로 훔쳐보는 것이다. 오래전 돌아가신 어머니다. 사내놈이 부엌에서 얼쩡거리면 안 된다, 고 물론 말씀하실 리가 없다. 요즘 세상 물정 변한 거야 저승에도 잘 알려졌을 터이니.

어머니는 좁고 어두웠던 부뚜막에 밥을 나란히 퍼 놓고, 이게 밥이다, 이르곤 하셨다. 밥 먹고 밥그릇을 씻는 일은 참 내력이 깊은 일이어서, 어느덧 어머니 가실 적 나이에 나도 바짝 다가서고 있다. 여기에서 바로 저만큼.

오늘은 한가위 둥근 달을 한 숟가락 퍼서 어머니께 드

린다. 다 자신 후, 밤바람에 그릇을 헹군다. 전에 점점이 묻은 달빛이 잘 닦이지 않고, 여린 빛이 얼룽덜룽 번지기만 한다. 그릇 속까지 하얘진다.

늙어가는 남자

기약 없이 사람을 만나고
술 몇 잔에 정을 주고, 정을 주었다 믿고
당연히 배신을 당하고
헌 배신 위에 새 배신을 차곡차곡 쌓아 올리고
지하철에서 깜빡 졸다 깨어
어디까지 온 거야, 막막해지고 깜깜해지고
읽다 만 책을 펼치지만, 곧 심드렁해지고
페이스북을 기웃거리다 격하게 동감하고
마음에 안 들어도 버릇처럼 '좋아요' 누르고
속이 쓰려도 참고
내일은 내일의 해가 뜬다고 믿고 싶지 않고
지금껏 버틴 게 어디야, 더 참고
흩어진 가족들을 떠올리고
울음을 삼키며 목울대를 세 번 뜨끈하게 데우고
문자 온 거 없나, 핸드폰을 꺼내, 그냥 뉴스를 뒤적거리고
세상에 좆같은 새끼들 많아, 혼자 중얼중얼
자본주의에도 언젠가 종말이 오긴 올까, 쓸데없는 게

궁금하고
  가슴에 찬바람이 쏴 일고
  두 정거장 뒤에 내려야 해, 지갑 속 교통카드를 확인하고
  갑자기 누군가에게 전화를 걸고 싶은데
  그런데 생이 하얗게 바래는 느낌이 들고
  어둠 너머를 한참 바라보고
  눈이 침침해지고

늙은 차

널브러진 차를 억지로 모시고 병원에 왔다.
많이 편찮으시단다.
만 12년에 20만 km이니 나와 비슷하게 늙어가는 것.
의사 말로는 수술하는 데 두 시간 걸린단다.

속절없이 보호자 대기실에서 기다린다.
대기실을 점령한 종편 TV에는 지금 진통을 겪는 MBC 파업 이야기.
세상 모든 존재는 아픈 것과 아프지 않은 것으로 나눌 수 있겠다.
아프지 않은 것도 결국 어느 한순간 아픈 것이 된다.
좀 더 들여보면 아프지 않은 것의 이면엔
어느새 아픈 것이 배어 있다.
아픈 것과 성한 것은 살며시 한 몸이다.

두 시간 후엔 내 늙은 차가 묵은 짐을 털고
로시난테처럼 숨을 헐떡이며 나를 태우고 다시 달릴 것이다.

그러면 나도 돈키호테가 되어
아픔을 딛고 함께 달릴 것이다.

피양랭면

오늘 점심엔 피양랭면을 먹어야지. 문통령과 김원장이 먹는다니 횟배 앓듯 내 속에서도 냉면이 땡기네. 속을 든든히 채우거든 길을 떠날 거야. 남들은 서쪽 판문점으로 몰려가지만, 나는 동쪽 루트가 더 좋아. 오래 봐둔 데가 있거든. 양양 어성전에 들러 산신령 친구 구슬러 같이 가야지. 먼저 함흥 부둣가 선술집엔 꼭 들러야겠지. 그쯤에서 목이 컬컬할 테니. 그 길에 정주 북관은 없지만, 갑산 풍산 장진 지나 고원역으로 통할 수 있을 거야. 모르긴 몰라도 김극기 선생께서 옛정을 생각해 식은밥 한 덩이 내놓고 누옥에 하룻밤쯤 재워주시겠지. 밤에는 개마고원 하늘에 떠 있는 씨알 굵은 별을 바라봐야지. 애인에게 줄 거 몇 개 따서 속주머니에 넣고, 신새벽에 드디어 두만강에 닿는 거야. 찬 아침 햇물에 얼굴을 씻어야지. 그리고, 이제 됐어, 한 마디만 그렇게 물에다 휘갈겨 쓸 거야. 이제 됐다고.

스승의 날

교직에서 물러난 지 두 달 반. 잘 놀고 있다. 놀다 보니 시간이 얼마나 빨리 가는지 알겠다. 시속 삼천 킬로미터쯤. 물론 쉬엄쉬엄 책도 읽고 백 년 만에 시도 한 편 썼다. 하루 세끼 꼬박 챙기고, 오메가쓰리와 종합비타민도 잘 먹고 있다. 주말엔 산에 가 산새도 만나고 들에 가 들꽃 향기도 맡았다. 세상에 대해 분노하고 슬퍼하기도 했다. 한마디로 그럭저럭 잘 살고 있다. 그러나, 오늘 '스승의 날', 이제 나는 선생도 아니고 스승도 아니게 되었다는 걸 '신선하게' 실감한다. 지난 34년 교직에 있으면서 내가 만난 학생이 수천 명은 될 터. 그들은 지금 어디에서 어찌 살고 있을까. 모두 꽃이나 별이 되어 있지 않을까. 예전 그들에게 뭘 가르쳤는지 생각나지 않는다. 그들도 내게서 뭘 배웠는지 기억하지 못하리라. 우리가 한때 만났었다는 사실조차 지워져도 이젠 어쩔 수 없는 일. 이 황량함이 주문으로 통했는지, 엊저녁 삼십 년 전 제자에게서 전화가 왔다. 오늘 점심이나 같이 먹자고. 그래, 아직 내겐 '선생님'이라 불러주는 늙은 '아이들'이 몇 명은 있다.

빵 굽는 호수

— 라가바튼(Laugarvatn)에서

여기 좀 파 봐요, 여기 옆에도.
알다 씨*가 잡곡식빵 반죽을 여며 들고
우리를 호숫가로 데려갑니다.
땅에선 설설 끓는 물이 퐁퐁 솟고 유황 냄새가 코를 찌릅니다.
빵을 묻을 거예요, 여기, 나무 심듯.
호숫물도 뜨거울까, 궁금해하는 내게
뒷산 첫눈이, 어이없다는 듯, 슬쩍 눈을 흘깁니다.
낮게 엎드린 이끼와 풀들이 한꺼번에 얼굴을 붉힙니다.
여기에선 모든 게 몸을 낮춘답니다.
알다 씨가 빵에 흙을 덮으며 호수 건너편을 가리킵니다.
낮은 나무, 낮은 집, 낮은 길, 낮은 사람들 외에
이곳은 오래 비어 있습니다.
공허가 너무 넓고 높아 가끔 산자락을 넘어온 눈발이
원래 토박이인 양 걸음을 늦추고 서성입니다.
내일 이 시간이에요, 잊지 말고.
꼬박 하루를 지나야 빵이 익는다고
느리게 흘러가는 이곳의 시간을 닮아가는 것이라고

혼자 중얼거립니다, 나도 느릿느릿
내일까지 모레까지 그리고 아득한 훗날까지
당신이 익기를 기다려야 하겠다고, 지워지지 않는 기억이
우리 잠시 서로를 놓아준 틈에 잘 익어가기를,
그러다 세상 반대편에서 빵을 캐 먹듯
서로 뜯어먹을 수 있기를.

* 아이슬란드 라가바튼에 위치한 '굴키스탄 창작센터 (Gullkistan Center for Creativity)'의 운영자인 알다(Alda) 씨.

물의 길

— 스내펠스요쿨(Snæfellsjökull)에서

미바튼에서 서부 피오르까지
날카로운 능선 사이로 이어진 길을
뚝뚝 끊어가며 온종일 달렸습니다.
여우비와 무지개를 이정표로 삼았습니다.

U자 계곡 양 측면에는
젖은 이끼가 가을을 그리고 있었습니다.
추상인지 구상인지 불분명하지만
물길을 불길로 바꾸고 있는 건 분명했습니다.

안개 틈으로 햇살 따라 들어선 마을에서
의혹의 눈길을 보내는 한 노인을 만났습니다.
집이 참 예쁘네요, 말을 건네지만
그는 영어를 모르고 나는 아이슬란드어를 모릅니다.

가뭄이 심해 모두 죽어 나갈 때
한 위인이 나타나 산정의 빙하로 목숨을 살렸다는
오래된 이야기*가 전해집니다.

그는 산이었을까, 물이었을까, 알 수 없습니다.

그 나머지 99%는 적막입니다.
어떤 여행자에겐 고독일 수도
어색함이거나 거북함이거나 궁금함일지도 모르는 그것
이곳 사람들에겐 당연한 일상일 겁니다.

내가 찰나로 스친 이 시공은
떠나면 원래대로 없는 것이 되는지,
우리는 누구이며, 또 어디로 가는지, 이런 막연한 질문에
답을 얻을 수는 없는가 봅니다.

* 아이슬란드 서부 스네펠스요쿨 지역에 전해져 내려오는 전설.

4부

머무는 시간

눈 내렸다는 소식을 먼 환청처럼 듣습니다.
사람 사는 곳 어디에나 소리가 있고,
그 소리에 예민해진 귀를 갖은 자가 간혹 있습니다.
소리가 향기나 별빛처럼
시각과 후각을 두드리기도 합니다.
하지만 나는 침묵이 더 좋습니다.
침묵 속에 배어 있는 단단한 응집이 더 좋습니다.
이제 여행 막바지,
지금껏 어둠을 향했다면 오늘은 빛을 찾아갑니다.
곧 돌아갑니다.

눈 내린 아침

첫눈 소식이 페이스북을 달구는 아침
우리 집 앞뜰도 밤새 하얗게 변했습니다.

나무는 어쩌자고
어깨에 쌓인 눈을 한 방울도 털어내지 않고
곱게곱게 얹어 둔 것일까요.

하늘에서 우주까지 무게를 재며
서른일곱 편의 연서를 쓰고 있을까요.

'눈꽃'이라 부르던 한 사람을 나는 알고 있지,
아무도 궁금해하지 않을 말을
혼자 중얼거리고 있을까요.

눈길

눈 내린 산길을 걷다 한 사내를 만났다.
오르는 중인지 내려오는 중인지 알 수 없는 자세로 멈춰
움직이지 않는다.
뭐 도와드릴까요 물었지만, 그는 괜찮다고 했다.
봄이 온전히 오면 다시 걷겠다고 했다.

눈은 누구를 위해 내리나?
당신이 마흔을 거쳐 쉰까지 살던 집에도,
밀양에도 강정에도, 세상과 두절됐다 다시 이어진 다른 세상에도,
후쿠시마 원전에도 우크라이나 크림반도에도,
봄눈이 오셨는지.

겨울 산행

가벼운 산책이나 하려고 오늘은 유명산 억새를 보러 갔습니다. 배너미고개에서 활공장까지 왕복 6km쯤, 두 시간 거리입니다. 차를 세워둔 고개가 워낙 높아, 그냥 평평한 임도 끝판에 비얄이 조금이니 그저 등산이랄 것도 없겠습니다. 오늘은 안개 자욱하고, 음지쪽으로는 눈이 얼다 녹다 해서, 길이 편치 않았습니다.

온통 안개뿐, 산도 보이지 않고 아랫마을도 보이지 않고, 세상 안팎 경계도 구분이 되지 않았습니다. 보이는 게 없으니 그냥 내 안의 풍경을 들여보며, 혼자 웅얼웅얼 무심히 걸었습니다. 아, 그 안개 틈으로, 영화 〈관상〉의 배경이 된 세트장을 만났습니다. 사람은 없고 허물어져 가는 초가 두 채만 늙은 배우처럼 서 있었습니다.

활공장이 오늘 등산의 정점입니다. 임도를 따라 장비를 실은 트럭들이 앞서가더니, 내가 도착했을 땐 이미 첫 주자가 하늘로 날아오른 뒤였습니다. 한 스무 명쯤 날개를 펴고 떠오를 때, 나는 그들이 안개 바다로 뛰어드는 것 같았습니다. 어떤 음모가 숨어 있을지도 모르는, 저 불안 속으로 그들은 과감하게 몸을 던졌습니다.

오늘 걷기는 별로였습니다. 억새도 보이지 않았고, 구하려던 답도 없었습니다. 좋은 게 하나 있었다면, 돌아오는 길에 점심으로 '기와집' 순부두를 먹은 것입니다. 양수리 쪽을 지날 때면 종종 들르는 곳입니다. 오늘 질척거리는 산행으로 나를 비우고, 다시 순두부로 나를 채웠으니, 그만하면 된 것이지요. 뭐가 더 필요하겠습니까.

봄의 환(幻)

꽃잎 지는 오후 '귄터 그라스 특별전'에 갔더니
주인장은 어디 갔는지 없고 넙치 혼자 중얼거리고 있다.
예술은 고발이고 표현이며 열정이라고.

술 한 잔 무게도 못 되는 예술이 어찌 세상을 구하느냐
묻자,
우리를 대신해 넙치가 무거운 짐을 끌고 언덕을 올라
간다.
벚나무 그늘에서 미세먼지로 자욱한 도시를 잠시 내려
다본다.

열세 명 여제자 중 아우렐리아만이 살짝 미소를 짓는
다.
아름다움은 바로 삐딱함이라고 주문을 걸자
삐딱한 나뭇가지에서 꽃비가 삐딱하게 날린다.

* '예술은 고발이고 표현이며 열정이다', '아름다움은 삐딱함이다' 등, 귄터 그라스의 말을 빌려옴.

헛꽃

한라산 중산간을 걷다 청보라 색 산수국을 만났습니다. 한 무더기가 활짝 웃으며 반겨주네요. 벌·나비도 덩달아 폴짝폴짝 날아오르고요. 그간 왜 연통 없었느냐 나무라지도 않는군요. 햇살 뽀얗게 일렁일렁 헛꽃을 건드리자, 간지러운 듯 초록 잎사귀 몇 개 고개를 끄덕입니다. 나는 정교하게 짜놓은 비율과 방향과 위치와 무게를 재며, 모든 목숨의 근원은 궁극에 닿는 게 아닐까 추측해봅니다. 시간의 문이 열렸다가 닫히고, 그 틈으로 감춰둔 균형이 드러났습니다. 완벽한 아름다움, 그런 게 가능하다면 바로 여기라고, 산 그림자가 능긋 다가와 앉습니다. 꿈쩍 않던 오름이 인제야 기지개를 켭니다. 이것에 '생멸'이라는 이름을 붙일 수 있을까요. 아니면 헛꽃 사이로 떠다니는 사랑이 '곡진'이 될 수도 있지 않을까요. 수정이 끝나면 은퇴한 무희처럼 분장을 지우고 이내 뚝뚝 고개를 꺾는다지만 말입니다. 누구나 절정 지나고 머문 흔적을 남기는 법, 그러니 지금 이 순간이 마지막인지 물을 필요는 없겠습니다. 사라짐도 그 자체가 인연일 터이니까요.

초밥을 먹으며

소식 없이 한 계절 보낸 뒤
아들을 만나 초밥을 먹는다.
생선 살로 싼 밥을 고추냉이와 간장에 찍어 먹는다.
매콤한 공기가 콧속을 흔들자
오래 묵은 눈물이 스며 나온다.
내가 갔던 독일은 너무 멀고
내가 머물다 떠난 너의 마음도 너무 멀고
내가 지우지 못한 사람까지 거리도 너무 멀다.
밥알에는 적당한 온기와 물기가 섞여
끼리끼리 착 달라붙어 있다
입안에서 우물우물 잘게 흩어진다.
몸을 잃은 생선도 제 살점이 씹히는 걸 그냥 보고 있다.
우리가 잠시 나눈 의례와 기록도
언젠가 산산이 부서져 내릴 것이다.
이 시간은 옮어졌다 언제 또 무의식으로 떠오를지
모른다, 기대할 수 없을 것이다.
어느새 접시가 다 비고, 나는 나의 길로
아들은 아들의 길로

밥은 밥의 길로, 생선은 생선의 길로
각자 제 살 곳을 향해 말없이 흩어진다.
겨울 접히고 봄이 펼쳐진다.

쇠핑엔*에서 담배 피우기

스테판은 말이 없는 사내
팔뚝에 문신을 새겼는데, 그게 자신의 작품이라네.
안나와 마를렌은 춤을 추네.
사과나무 아래에서 누가 시킨 것도 아닌데
혼자 즐겁게 춤을 추네.
한나는 나보다 더 큰 개를 데리고 왔네.
내가 등을 만지자 꼬리로 내 다리를 툭툭 치면서
누군지 모르지만 조금 겁먹었군,
혼자 중얼거리네.
개가 말하는 걸 나는 알아듣네.
원래 나도 개였으니까.
베로니카는 백포도주에 얼음을 넣어 마시네.
포도주 마니아답게
어젠 적포도주였는데, 그땐 얼음 없이 마셨는데.
알케는 빵을 구워 오네.
빵 속 야채가 따뜻하게 김을 내네.
모두 맛있게 먹는 걸 보면서 다리를 쭉 펴네.
사과나무 위로 달이 돋네.

참 심심하게 논다고, 좀 너무하지 않냐고 묻네.
난 천천히 담배를 피우네.
스무 해 만에 피우는 담배가 목을 넘어가는 순간
격렬한 배신의 재채기가 나네.
우리들 중 절반은 내일이면 떠난다네.
그러나 아무도
그런 말을 하지는 않네.

* 독일 뮌스터 근처의 시골마을. 나는 이곳의 '예술가마을' 재단에서 운영하는 레지던스 프로그램에 초대를 받아, 문학, 음악, 미술 등 다양한 분야의 아티스트와 석 달을 같이 지냈다.

장보기 목록

빵, 포도, 달걀, 파, 가지, 부침가루, 맥주
라고 써놓고 한참 들여다본다.
어느덧 여기까지 온 걸까,
쇠핑엔에 온 지 한 달.
내 안에서 누군가 혼자 지껄이는 소리가
나뭇가지 바람에 흔들리는 소리에 섞여
잘 들리지 않는다.
혼자만의 시간은 언어가 사라진 시간,
말들이 부침개처럼 납작해지는 순간.
외로워도 나는 점심을 먹으며,
우걱우걱 낯선 음식을 구겨 넣으며
먼 곳에 있는 이들을 생각한다.
정해진 룰처럼 커피를 마시며
여름을 무사히 넘겼다는 안도감도 느낀다.
목록에 뭐가 빠졌지?
그 뭔가가 잘 생각나지 않는다.
밖엔 는개 날리고 있다.

빗소리를 새기다

사각사각 연필 깎듯 비가 내린다.
둥글었던 방울이 길쭉하고 얇게 저며 흩어진다.
비린내와 나무 향이 섞인다.
소복이 쌓인 소리 위에 냄새가 겹친다.

듬성듬성 검은 가루도 날린다.
규칙을 이룬 프랙털처럼 우주의 모습을 그려낸다.
그래도 지금 우리가 의심하는 이 순간까지 지우지는 않는다.
소리와 냄새 사이에서 서성인다.

어디에선가는 미완이었을 것이다.
혹 절대의 신이었을지도, 다만 그 흔적이 매우 단순하다.
아프리카부터 은하수까지 흠뻑 적신 비가
지금 여기에 무던히 내리고 있다.

먼 저곳

마케도니아 친구 이고르*가 메일을 보냈다,
친구여, 이승은 아직도 안녕하신가,
다시 봄이 왔는가, 기다림도 호사였으니,
잊힌 혁명들도 페이지 속에서 부활하는가,
웹사이트에 내가 심어놓은 기호가 지금 잘 익어
싹 틔우는지, 혹은 빵처럼 부푸는지,
여긴 아날로그처럼 끈적거리고 음모의 냄새가 난다네,
말로 뱉었으나 의도하지 않은 것과
분명히 적시했으나 언어로 써지지 않은 것 사이에서
우리는 늘 엇박자로 비껴갔었지,

짧은 답신을 보낸다, 주소 없이 이름만 적는다,
미래에서 파도가 밀려와
현재와 과거를 덮을 때, 허공에 기호들이 흩어지고
우리가 안개의 집 근처를 배회할 때,
다시 만나기로 약속했지, 마케도니아에도 봄이 왔는가,
여기처럼, 세르비아와 크로아티아 사이,
언제 그랬냐는 듯 서서히 어둠이 깔리겠지,

날과 날, 해와 해, 겁과 겁 사이,
우리도 머잖아 비활성 물질로 만나게 되겠지,
다만, 슬픈 답신이 언제 거기 닿을지.

* 마케도니아의 시인 이고르 이사코프스키(Igor Isakovski). 필자와 인연이 닿아, 내 시를 마케도니아어로 번역해 발표해주기도 했다. 젊은 나이로 세상을 떴다.

아주 멀리

문득 만날 때 있죠,

당신이 밥을 먹을 때 나는 숲을 걷다, 저게 뭐야, 물어볼 수 있는 거죠.

그 시간은 너무 틈이 벌어졌고, 그 공간은 메꿀 길 없이 멀지만

기억해요? 또보로치 숲에서 사내들의 수음(手淫) 소리가 새어나올 때

여기가 어디야, 길을 잃었어, 좌절할 때

당신이 내 손을 잡으며, '일어나, 일어나, 일어나'라고, 어퍼컷 날렸죠.

안데스 산촌에 해가 지고 드디어 새들이 불알을 쥐고 흔들 시간

그리워했던 것들 탱탱하게 부풀어 드디어는 한 알의 총알로 터져버린 순간,

그리고 마침내 여기와 저기의, 그 경계에

서게 만드는군요, 당신은
이제 듣고 있겠죠, 반도네온이 처량하게, 아니, 또박또박 낭낭하게
밟고 간 자국마다 어둠을 한 움큼 올려 놓았군요, 너무 멀어서

그게 잘 보이지 않는다는 것,
비도 안 내려 먼지만 풀풀 날리는 칠레의 거친 여자에게 무슨 수작을 거는지,
그게 안 보인다는 것, 슬퍼요.

* 미국에서 활동하던 배정웅 시인 영전에 이 졸작을 바친다.

수목장

자전거가 무거워 잘 나가질 않았다. 낯선 길로 접어들었고 구글 지도를 여러 차례 확인했다. 30여 분이면 된다고 했는데 도착해보니 한 시간이 넘었다. 숲은 조용했다. 나이 지긋한 분이 지나가며 눈인사를 했다. 숲 안쪽 둥근 마당은 마지막 작별을 나누는 장소 같았다. 벤치가 가지런히 놓여 있고, 제단엔 붉은 촛불이 수십 개 밝혀져 있다. 사람은 없고 간혹 새가 울었다. 나무 밑동에 의자가 놓인 곳이 많았다. 누군가가 두고 간 슬픈 마음이 거기 혼자 앉아 있다. 젊은 엄마와 딸이 서둘러 왔다가, 어느 쉼터에 들렀는지 먼저 떠났다. 할로(Hallo), 인사를 건넸지만 살짝 미소만 보여주었다. 입구로 돌아 나오다 벤치에 앉아 나무를 한참 바라봤다. 가을 빛이 잎을 쓰다듬고 있었다. 어느 나무가 그녀의 것일까. 휴대폰으로 허수경의 시를 검색해 몇 편 읽었다. 자전거를 끌고 돌아오는 길이 어둡고 길었다.

* 독일 뮌스터에서 차로 30분쯤 달려 닿는 작은 마을 호스마(Horsmar) 근교의 숲, 그곳에 허수경 시인이 잠들어 있다.

지극

다육 한 점이 꽃을 피웠다.
아무도 몰래 살며시 이틀 잎을 열었다
다시 닫아버렸다.

어디에서 왔다 어디로 가는지 기록을 남기지 않았다.

천 년 비바람과 일억 광년 빛이 섞였던 것,
다시 왔던 곳으로 돌아갔는지
알 수 없다.

누구에게나 '그대'는 지울 수 없는 상흔.

이 넓은 우주에서 이 짧은 찰나에
우리 이렇게 만났다 다시 처음처럼 헤어진 것만으로
기적이고 황홀이다.

시인수첩 시인선 042

천 년 동안 내리는 비

초판 1쇄 인쇄 2021년 1월 25일
초판 1쇄 발행 2021년 2월 1일

지은이 | 정한용
발행인 | 이인철

펴낸곳 | (주)여우난골
주 소 | 서울특별시 강남구 언주로30길 27. 606호 (도곡동 우성리빙텔)
전 화 | 02-572-9898
팩 스 | 0504-981-9898
등 록 | 2020년 11월 19일 제2020-000328호

블로그 | blog.naver.com/seenote
이메일 | seenote@naver.com

ISBN 979-11-973577-0-1 03810